BULLY

EINE LIEBESERKLÄRUNG AN DIE FRANZÖSISCHE BULLDOGGE

FÜR BONES

Zu besonderem Dank bin ich natürlich meinen Models und ihren Besitzern verpflichtet. Im Einzelnen: Lee and Hayley Sedman mit ALFRED und CHARLIE; Keeley Paige mit ALFIE; Lana Molle mit AMELIE; Mike Burnett mit AMY und BUZ; Anne-Laure Archambeau und Christina Moss mit ANCHOR; Paul Skinner mit ARCHIE; Vanessa Bryant mit ARCHIE; Marc Versloot und Dom Goncalves mit BISOU; Lyndon Burge mit BRUNO (www.meetup.com/londonfrenchies); Briony Nelder mit BRUNO; Ian Povey mit CHARLIE; Marc French mit COCO; Sarah-Jane Mixture mit COOKIE und PRINCESS FAWN; Seamus Carrol mit DAZ; Emma Payne mit DOLLY; Giles Gough mit FRIDA; Sam Dougal mit HENRY; Nick Chutter mit HUGO (bulldoggroupuk.vpweb.co.uk/News.html); Andrew Chow und Regine Tan mit HEFNER; Marcus Hancock und Caroline Johnson mit HOMER; Angela Seaman mit ELVIS; Taye Armani mit FRENCHIE und ZEN; Kelly McCallum mit LAIKA, GORDO und MOUSE (das 3. Kapitel ist Mouse gewidmet, der am 17.07.2011 leider überraschend verstorben ist); Jo Nash mit LOLA; Ross Howard mit MARGOT; Jonathan und Alison Rooper mit MARTHA; Riccardo Sammut und Irina Shuvalova mit MAX; Jo Marriott mit MONTY; Anette Corcoran mit SKYE; Andrew und Alex Maw mit SMEDLEY; Darren Oddie und Mark Eberhardt mit THEMBA; Melissa Niemiec mit PIERRE; Leisha Marson mit POPPY; Michelle Allen mit RALPH; Richard Bennet und Joseph Martin mit ROCCO; Bill Hassan mit ROCKY; Janet Riley, HADLOWSHOG Zuechter, mit Welpen; Sarah Ventham and Stephen Barker (www.boldavier.co.uk) mit den Welpen.

BULLY

EINE LIEBESERKLÄRUNG AN DIE FRANZÖSISCHE BULLDOGGE

Fotografien von Britta Jaschinski

mit Texten von Regina Carstensen

FREDERKING & THALER

INHALT

VERSCHMÄHT UND DANN DOCH GELIEBT – AUFSTIEG DER BULLYS

Was soll man von einem Hund halten, der sich mit seinen Fledermausohren und dem massigen Kopf mit flacher Schnauze ganz französisch gibt, aber eigentlich einst eine nutzlose Englische Bulldogge war? Nutzlos übrigens deshalb, da Mitglieder der britischen Unterschicht nicht mehr auf die kurzatmige Kleindogge wetten konnten. Im Jahr 1835 hatte man nämlich auf der Insel den außerordentlich populären Hundekämpfen mit einem strengen Verbot ein Ende gesetzt, und so war es denn auch kein Wunder, dass man das Tier mit der faltigen Kopfhaut, den »kleinen Kampfhund«, seitdem ignorierte oder gar außer Landes schickte. Zu seinem Glück, denn bei den Kämpfen, diesen seltsamen menschlichen Vergnügungen, hatte er angesichts seines möglichen Todes selbst kaum eines. Weber und Spitzenklöppler in East London und Nottingham trugen dazu bei, denn zur Aufbesserung ihres Einkommens hatten sie den Hund als Kampfhund herangezüchtet.

Schon im Jahrhundert zuvor hatte man einem anderen Spektakel gesetzlich einen Riegel vorgeschoben, bei dem sich die Inselbewohner einer nicht minder brutalen Unterhaltung im Zusammenhang mit diesem Hund erfreuten. Da wurden Bullys – daher auch der Spitzname dieser Rasse – zum Bullbaitin, zum Bullenbeißen, abgerichtet. Die Bullenbeißer wurden so scharf gemacht, dass anschließend die Hatz auf einen Stier losgehen konnte. Der geschlechtsreife und damit angriffslustige Bulle wurde angepflockt und seine Hörner abgestumpft, um dem grausamen Spiel durch gekonntes Aufspießen des Hundes keinen allzu schnellen Ausgang zu ermöglichen. Alles war derart perfide durchdacht, dass bei dieser Attraktion auch der Bulle sein Leben lassen konnte. Dazu sollte David, der Hund, Goliath, dem Bullen, nur oft genug in den Hals beißen. Um sich in den Gegner verbeißen zu können, musste die Schnauze des Hundes flach bleiben, nur so konnte er weiter Luft bekommen.

Es war also nur gut, als Mitte des 19. Jahrhunderts die bissige Zeit der Bullys gänzlich vorbei war. Frankreich wurde ihre neue Heimat, hier wurden die Emigranten nun aufgenommen – besser gesagt ihre Besitzer. Dies waren insbesondere Weber und Spitzenklöppler aus Nottingham, die England verließen, um in den in der Normandie neu entstandenen Fabriken für Tuchwaren Arbeit zu finden. Obwohl in der Fremde Hundewettkämpfe ebenfalls nicht erlaubt waren, setzte man die Zucht der Bullys dort fort, jedoch meist ungezielt, aber nicht unbemerkt. Immerhin konnte man die Hunde als Rattenfänger einsetzen, und vor allem die weniger auf einen Nutzen hin orientierten Hundehalter schätzten den Vierbeiner als Gefährten.

Von Calais aus fand das eine oder andere Tier den Weg in die französische Hauptstadt, natürlich begleitet von der Geschichte, dass die Engländer die Dogge verschmäht hätten. Obwohl das kontinentaleuropäische Land England seit Jahrhunderten in herzlicher Feindschaft zugetan war und man allem Englischen kritisch gegenüberstand, griffen – so will es die Legende – erst die »Schönen der Nacht«, die französischen Prostituierten, nach dem Hund, und danach die Pariser Marktfrauen. Voller Elan nahmen sie sich des Unterschichtentiers ohne genaue Ahnentafel an und veredelten es. So soll es seine Stehohren erst in Frankreich bekommen haben, und wahrscheinlich verhalfen ihm diese auch zu seinem rasanten gesellschaftlichen Aufstieg. Einige kreuzten Bullys mit Terriern zu den sogenannten »Terrier boules«, wodurch der »kleine Kampfhund« als Jagdhund eingesetzt werden konnte. Andere kreuzten ihn mit Möpsen, um ihn auf diese Weise salonfähig zu machen. Mit großem Erfolg.

In französischen und russischen Adelshäusern, selbst in der Zarenfamilie, war der Bully dann auch bald nicht mehr wegzudenken. Auch nach Übersee wurde er transportiert. Georges M. Phelps, der einstige technische Direktor der Western Union Telegraph Company, war der erste Amerikaner, der nach einem Ferienaufenthalt in Frankreich auf diese nun doch sehr neue Hunderasse aufmerksam geworden war. Sie faszinierte ihn derart, dass er gleich ein Pärchen, Ninette und Rabot, für 50 US-Dollar erstand und mit nach Amerika nahm. Nicht ohne Konsequenzen: Um die Jahrhundertwende wurde in New York der erste Bully-Club gegründet. Und wer immer einen solch drahtigen Hund sein Eigen nennen wollte, musste damals einen stolzen Preis bezahlen, rund 5000 US-Dollar.

Viel wichtiger als diese transatlantische Modeerscheinung war jedoch ein anderes Ereignis: Anfang des 20. Jahrhunderts durfte Bully wieder nach England einreisen, trotz seines einstigen Steckbriefs, der ja mehr einem Armutszeugnis gleichkam. Und natürlich war er augenblicklich großem Spott ausgesetzt. Diese aufrecht stehenden Ohren, das war doch keine englische Bulldogge mehr. Es kam auch keineswegs infrage, dass er sich, wie erwünscht, auf britischen Hundeausstellungen präsentieren durfte. In der Tat, von einer Englischen Bulldogge konnte nicht mehr die Rede sein, Bully war jetzt eindeutig französischer Herkunft. 1880 wurde der erste Zuchtverein auf dem Kontinent gegründet, selbstverständlich in Paris, 1888 legte man die ersten Standardmerkmale fest. Die Engländer hatten kein Anrecht mehr auf den Hund, sie hatten ihn ja auch mehr oder weniger verstoßen. Doch heute ist der alte Streit vergessen. Der Bully ist in England en vogue und aus den Londoner Straßen nicht mehr wegzudenken.

Nur das britische Königshaus weigert sich bis heute, von dieser Rasse Notiz zu nehmen. Queen Elizabeth II., die Hunde, Pferde und Männer mag, und zwar in dieser Reihenfolge, wie ihr Biograf Graham Turner bemerkte, redet lieber mit ihren Corgis. Die Lieblinge der Königin sind im Vergleich zur französischen Gesellschaftsdogge nicht minder kurzbeinig, besitzen auch eine gewisse

Extravaganz und zeichnen sich ebenfalls durch eine hohe Intelligenz sowie schöne weiße Brustflecken aus – aber keineswegs würde sich ein Bully anmaßen, wie ein Corgi, der seiner Abstammung nach ein Hirtenhund ist, einem Schaf oder Rind in die Ferse zu zwicken. Demzufolge ist die Französische Bulldogge als Haushund hervorragend geeignet. Es spielt keine Rolle, ob mit schwarzem, weißem oder rötlichem Fell, mit Flecken auf dem Kopf oder auf der Brust, dieser als Gesellschafts- oder Begleithund klassifizierte Vierbeiner passt sich jeder Etagenwohnung bestens an. Und zwar ganz ohne die Voraussetzung, die bei einer Corgi-Haltung vonnöten wäre: Vertreter dieser Rasse müssen nämlich beschäftigt und konsequent erzogen werden, um zu vermeiden, dass wieder ihre Zwick-Allüren zum Vorschein kommen.

Übrigens: Gern verschwiegen wird, dass einer der Vorfahren Königin Elizabeths II. nicht auf den einstigen Unterschichtenhund verzichten wollte und sich daran erinnerte, dass es sich bei diesem Tier schließlich auch um einen Urahnen der britischen Bulldogge handelte. König Eduard VII., der 1902 den britischen Thron bestieg und schon in den Jahren zuvor eine Politik der Annäherung mit Frankreich betrieb, konnte nicht umhin, Gefallen an dem Hund mit den Fledermausohren zu finden. Er schaffte sich einen solchen kleinen Muskelprotz mit weißem kurzen Fell an, das mit der Zeit aber wohl leicht gräulich wurde, da Eduard, der bis zu seinem Tod 1910 über das Vereinigte Königreich regierte, ein exzessiver Raucher war und mehr als zwölf Zigarren pro Tag zu Asche werden ließ.

MEINE TIPPS ALS BULLY-BESITZER

- Kaufen Sie niemals einen Hund im Internet, nur weil sich gerade eine günstige Gelegenheit eröffnet. Es gibt viele skrupellose Züchter, die nicht am Hund interessiert sind, sondern nur am Geld und mit den Tieren Profit machen möchten. Sie halten die Bullys in dunklen Käfigen und fördern die Massenzüchtung. Fahren Sie zum Züchter und sehen Sie sich an, wie die Hunde gehalten werden.

- Gute Züchter fragen Sie nach Ihrem Zuhause, weil sie wissen wollen, wohin ihre Hunde kommen. Wenn sie es nicht tun, ist das ein eindeutiges Warnsignal, diesen Züchter besser zu meiden. Sie weisen auch darauf hin, dass ein Bully nicht allein bleiben kann, wenn Sie morgens zur Arbeit gehen und erst gegen Abend zurückkehren. Ein Bully sollte nicht länger als maximal vier Stunden allein bleiben.

- Nie können Sie wissen, was Sie mit einem Hund erleben können. Schließen Sie eine gute Versicherung ab, Sie werden sie brauchen! Französische Bulldoggen sind kein Modeaccessoire! Als Hundehalter haben Sie Verantwortung für das Tier übernommen, für sein Wohlbefinden, auch für seine Marotten und Launen. Wenn Sie das respektieren, werden Sie viel über ihn lachen können.

- Versuchen Sie Kontakt zu einem Gruppe von Bully-Besitzern aufzunehmen. Hören Sie zu, was sie über ihre Hunde zu erzählen haben, fragen Sie nach den Erfahrungen und Problemen, die sie mit dieser Rasse gemacht haben.

Seamus Carrol

BULLY: DER EMPFINDSAME DICKSCHÄDEL

EIN FRENCHIE, DER SICH EINMAL ETWAS IN DEN KOPF GESETZT HAT, WIRD SICH NUR SCHWER VOM GEGENTEIL ÜBERZEUGEN LASSEN

War die Englische Bulldogge dafür bekannt, dass sie eine gewisse Entschlossenheit an den Tag legte – wie hätte sie sonst einen Zweikampf mit einem Bullen aufnehmen können? –, so hat die Französische Bulldogge diese Eigenschaft uneingeschränkt übernommen. Da geht man gerade noch vergnügt und unkompliziert eine Straße entlang, den Bully an der langen Leine, biegt um die Ecke, um seine Lieblingsrasenecke im Park aufzusuchen, und auf einmal geht nichts mehr. Der Hund bleibt abrupt stehen, die Ohren sind auf-, die Augen in die Ferne gerichtet.

Doch in der Ferne ist nichts, nichts Beängstigendes, kein bellendes Ungeheuer in Gestalt eines Artgenossen, auch keine Horde von kreischenden Mädchen, die über den Hund herfallen könnten, um ihn zu streicheln. Was nun? Leckereien kann man in einem solchen Moment vergessen. Deren Bedeutung ist unter den Nullpunkt gerutscht. Gutes Zureden – sinnlos. Ebenso zwecklos: ein gezielter Fluch. Die vier Pfoten bleiben auf der Stelle stehen. Man könnte zerren, aber das will man auch nicht, das gehört nun wirklich nicht in den Hundeerziehungskanon. Aber soll sich der Hund nicht nach dem Halter richten? Nein, das gilt nicht bei einem Dickkopf.

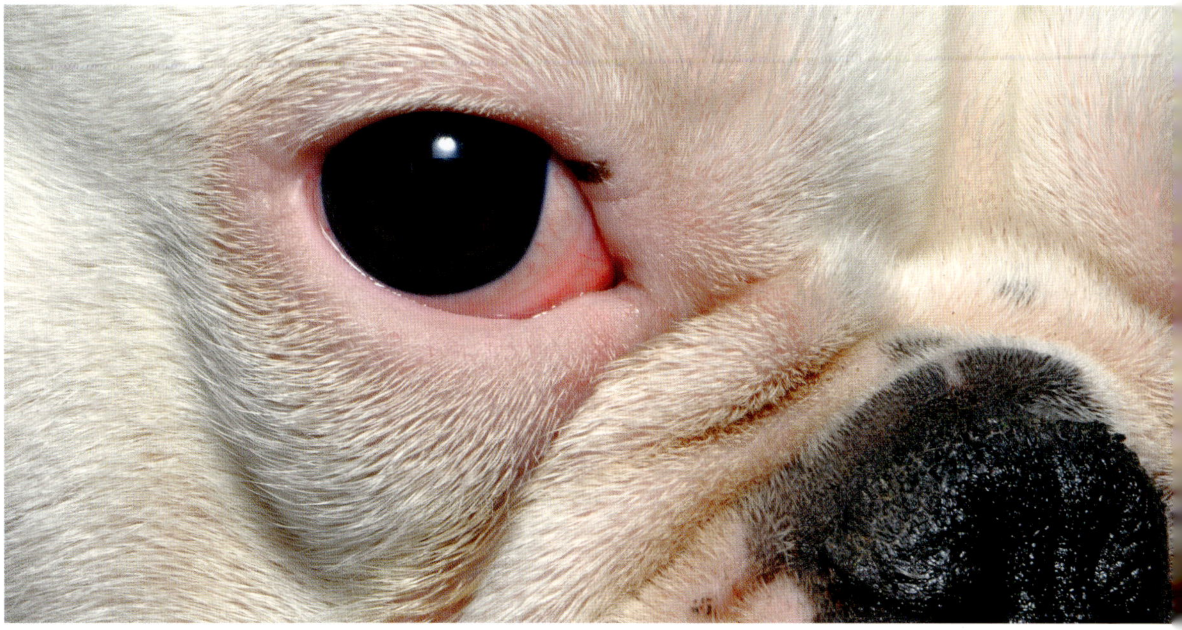

Aber was geht in diesem vor? Man wäre ja bereit, dem Tier ein wenig Entgegenkommen zu zeigen. Da Bully weiter geradeaus in die Ferne schaut, in der sich nichts verändert hat, kann immerhin der Schluss gezogen werden, dass der Grund für diesen unvorhergesehenen Zwischenstopp im Innern liegt. Irgendetwas muss ihn beschäftigen. Denkt er darüber nach, warum Hunde bellen? Sollte er das getan haben, ist es kein Wunder, dass er vor Schreck stehen geblieben ist. Forscher haben nämlich herausgefunden, dass sich das Bellen durch eine evolutionäre Anpassung an das Leben mit dem Menschen entwickelt hat. Das muss erst einmal verdaut werden. Doch wenn es das nicht ist, was dann? Braucht das Tier gerade eine Auszeit? Aber von was?

In dem Moment, in dem sich der Hundehalter entschließt, sich auf der Straße niederzulassen, um in den Sitzstreik zu treten – man will ja kein weiteres Aufsehen erregen –, setzt sich auf wunderbare Weise eine Pfote nach der anderen in Bewegung. Zielstrebig wird das Areal im Park angepeilt, auf dem man sich wunderbar im Gras herumrollen kann. Jeglicher Trotz, jegliche Halsstarrigkeit hat sich plötzlich in Luft aufgelöst. Der Hund tollt, rennt auf andere Hunde zu, macht Platz, trägt Stöckchen. Eigensinn? Ein Fremdwort.

Der Bully beherrscht jedes Parkett …

Man weiß nie so genau, was in solch einem Charakterkopf vorgeht.

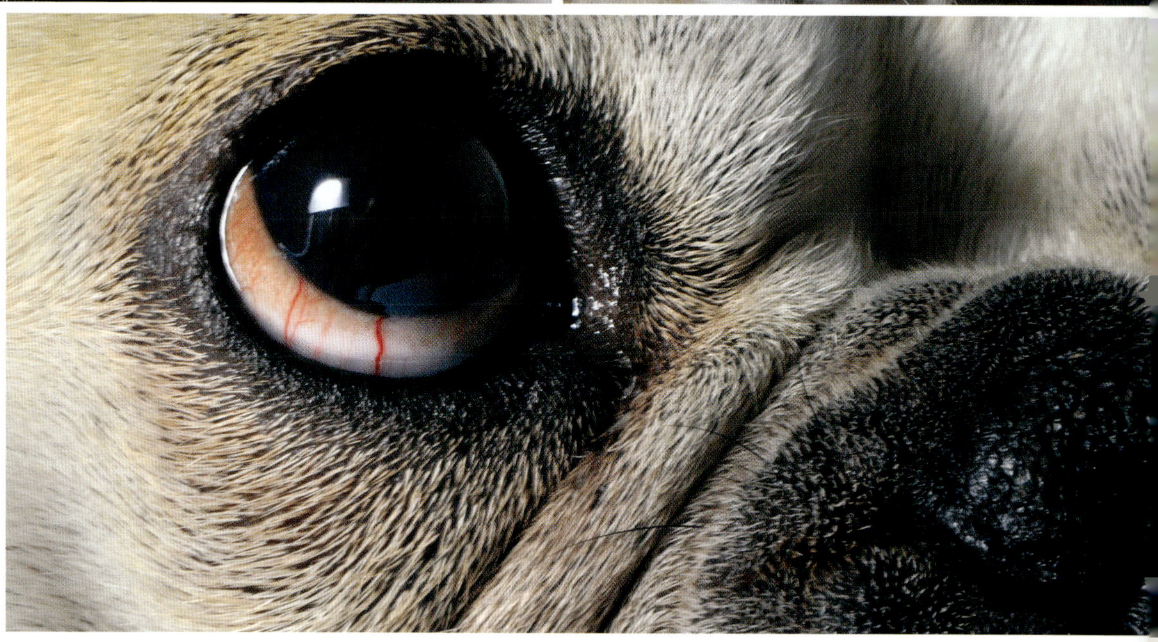

Es ist davon auszugehen, dass der kräftige Schädel zwangsläufig zu einem Dickschädel führt. Oder ist es umgekehrt? Jedenfalls ist dieses hartgesottene, plötzliche Standvermögen nicht ein Charakterzug, der nur die »Jungen Wilden« betrifft. Welpen und ältere Hundedamen und -herren sind gleichermaßen von diesem Stop-and-go-Verhalten geprägt. Welpen verlieren von einer Sekunde auf die andere die Lust am Spielen, ältere Hunde bleiben mitten im Raum stehen – oder weigern sich standhaft, einem Gassi-Befehl zu folgen. Keineswegs muss deswegen ein Hundetrainer engagiert werden, um dem Frenchie gutes Benehmen beizubringen – man muss es einfach nur als Ausdruck von Wesensstärke betrachten. Der starke Charakter des kleinen Hundes ist wirklich beeindruckend.

Apropos klein: Laut Rassestandard erreicht eine Französische Bulldogge mindestens die Höhe eines Viertelmeters. Aber dieses Maß hat seine Tücken, denn letzten Endes kann man nicht mit Bestimmtheit sagen, wie groß ein Bully tatsächlich ist. Manche von ihnen beanspruchen ein Viersitzersofa, ohne dass ein Mensch noch darauf Platz finden würde, selbstverständlich auch kein zweiter Hund. Wollen sie unbemerkt bleiben, weil sie wissen, dass sie etwas ausgefressen haben, Angst vor Unwettern empfinden oder keine Lust haben, dass man ihnen die Ohren putzt, schrumpfen sie auf die erstaunliche Größe einer Maus. Manche haben auch die Fähigkeit sich nie zu zeigen, etwa wie das Ungeheuer von Loch Ness. Mit anderen Worten: Bullys sind extrem flexibel, was ihre äußere Erscheinung anbetrifft.

HOMER

Bevor Homer das Licht der Welt erblickte, war seine Zukunft im Grunde vorgezeichnet: Seinem Stammbaum zufolge musste er nämlich ein Champion werden, männlich, viril, ein Zuchthund – und deshalb auch ein großer Polygamist.

Homer auf seinem Beobachtungsposten

All das änderte sich auf wundersame Weise, als ich entschied, den Welpen in meine Obhut zu nehmen. Denn statt eines erwarteten luxuriösen Lebens auf dem Land nahm ich ihn mit in ein unsicheres Dasein im Großstadtdschungel. Als Hommage auf seine siegreichen Vorfahren hatte die Züchterin unseren Bully Pettybull Siren Odysseus getauft. Aber wer rief schon gern in einem Park nach seinem Hund: »Pettybull Siren Odysseus, komm her!« Da klingt »Homer, Platz« schon viel besser.

Unser Bully hat nach einigen weiteren Ortswechseln buchstäblich die Schnauze voll von Umzügen. Sieht er auch nur eine Transportkiste aus weiter Ferne, versucht er sich unsichtbar zu machen. Dabei geht er nach der Methode »Kopf-Begraben« vor. Wenn er seinen Dickschädel unter einem Berg von Gegenständen versteckt, scheint er der Meinung zu sein: Wen ich nicht sehe, der sieht mich auch nicht. Gleichzeitig kann er diese Methode nicht durchhalten, denn er leidet unter Trennungen. Einen Tag ohne meinen Mann oder mich könnte er nicht aushalten. Jede Nacht schläft er in meinem Arm oder in dem von Marcus.

Homer hasst aber nicht nur Umzüge, auch Wasser. Er kann nicht schwimmen. Und jeder, der sich einem Swimmingpool, See oder Fluss nähert, wird von ihm sofort mit einem lauten Bellen gewarnt. Ebenso lautstark äußert Homer seinen Unmut, wenn im Radio zu viel gesprochen wird. Im Gegensatz dazu ist Homer begeistert von dem Lied »Virtual Insanity« des Sängers *Jamiroquai*, und *The Clash* ist eindeutig seine Lieblingsband. Als Polygamist hat er sich übrigens noch nicht geoutet. Nähere Bekanntschaften mit einer Bulldoggen-Dame gingen jedes Mal schief. Interessanter erscheinen ihm bislang der Postbote, ein fremder Junge auf der Straße oder der Pudel des Nachbarn …

Marcus Hancock und Caroline Johnson

Devise: Lachen ist gesund

»Der größte Schauspieler
der Welt
ist mein Hund.

Wenn er Hunger hat,
tut er so,
als ob er mich liebt.«

(Marlon Brando)

Auch das Gewicht einer Französischen Bulldogge lässt sich kaum exakt bestimmen. Steht ihr Sinn nicht nach einem Spaziergang bei Wind und Regen, bringen sie nicht acht, nein, auch nicht fünfzehn Kilo auf die Waage, sondern sie machen sich so schwer wie ein Sechzehn-Tonner. Es ist dann nahezu unmöglich, sie auch nur einen Zentimeter von der Stelle zu bewegen. Doch herrscht draußen die richtige Temperatur, fällt ihnen gerade ein, dass der nette Nachbar doch immer etwas in der Tasche hat, das eine kleine Zwischenmahlzeit verspricht – und siehe da – plötzlich können sie ihre Pfoten bewegen, als wären diese Schmetterlingsflügel.

Ja, das Fressen. Frenchies sind eigentlich immer hungrig, maßlos hungrig. Man könnte annehmen, er verschlänge sofort alles, was man ihm vor die Nase hält – doch weit gefehlt. Ein Bully ist äußerst wählerisch. Fängt der Nachbar an, extra für den Hund gekochtes Rindfleisch mit klein geschnittenen Böhnchen zuzubereiten oder es mal mit einer eigenhändig hergestellten Leberpastete zu versuchen, kann man als Hundebesitzer Gefahr laufen, bald keine kleine Dogge mehr zu haben. Verfressene Gourmets können loyal sein, müssen es aber nicht.

»Ein gut erzogener Hund
wird nicht
darauf bestehen,
dass du die Mahlzeit
mit ihm teilst,
er sorgt lediglich dafür,
dass dein Gewissen
so schlecht ist,
dass sie dir
nicht mehr schmeckt.«

(Saadi)

Wer wagt, gewinnt.

Traute Zweisamkeit eines ungleichen Paares.

Ein Bully hat eben seinen eigenen Kopf – und Haare, welche er im schlimmsten Fall 365 Tage im Jahr überall verteilt. Es empfiehlt sich, Teppiche zu entfernen, Stoffsofas gegen eine Couch aus Leder einzutauschen und ihn möglichst nicht ins Bett zu lassen. (Obwohl zugegebenermaßen solche Schmusestunden auch etwas für sich haben.) Natürlich kann man bei den Spaziergängen nicht ständig Gummistiefel anziehen, aber es ist sinnvoll auf Pumps oder Slippers aus Wildleder zu verzichten. An Jeans haften Hundehaare übrigens auch weniger als an Hosen oder Röcken mit hohem Wollanteil.

»Es gibt keine Treue,
die nicht schon gebrochen wurde,
ausgenommen die
eines wahrhaft
treuen Hundes.«

(Konrad Lorenz)

Die Eigensinnigkeit der Frenchies ist mit der von Kindern zu vergleichen, was deren Kombination etwas kompliziert macht und ein nicht unerhebliches erzieherisches Geschick fordert – von Hund und Kind. Alles geht gut, wenn die Kleinen frühzeitig dahingehend getrimmt werden, dem Bully nicht zu sehr auf die Pelle zu rücken. Die meisten Hunde dieser Rasse schätzen es nicht besonders, am Schwanz gezerrt oder an den Ohren gezogen zu werden. Lebenslange Feindschaft ist zwar deswegen nicht vorprogrammiert, auch kein länger andauerndes Beleidigtsein, das liegt nicht in ihrem Charakter, doch von großer Freundschaft zu den Kindern wird man dann nicht ausgehen können. Da Kinder aber auch so ihre Tücken haben, sich nicht so leicht wie Frenchies erziehen lassen und man sie schon gar nicht an die Leine legen darf, könnte man an diesem Punkt vor einer größeren Herausforderung stehen. Ist sie gemeistert, ist ein problemloses Familienleben garantiert.

»Kauf einen jungen Hund,
und Du wirst
für Dein Geld
wild entschlossene Liebe
bekommen.«

(Rudyard Kipling)

SCHÖN ODER NICHT SCHÖN

IST DAS HIER WIRKLICH DIE FRAGE?

Es ist so eine Sache mit der Schönheit. Liegt sie im Auge des Betrachters oder gibt es eine allgemeingültige Definition? Quer durch die Jahrhunderte haben Dichter und Philosophen zu ergründen versucht, welche Bewandtnis es mit der Schönheit habe. Tales von Milet sah in ihr die »einzig sinnlich erfahrbare Form des Geistigen«; ein weiterer Monumentaldenker der Antike, Platon, pries sie als »eine der edelsten Tugenden, die den Menschen über das Tier erhebt und äußeres Zeichen für ein schönes Gemüt ist«. Deren Nach-Denker sind sich stets einig gewesen, dass schöne Menschen auch gut sind. So behauptete zum Beispiel Friedrich Schiller, dass »körperliche Schönheit Ausdruck einer inneren Schönheit« sei, und Goethe bestätigte knapp: »Guter Kopf, guter Verstand.«

Und geht man ins Detail, wurde auch Erstaunliches philosophiert, etwa bei der Nase, als zentraler Bestandteil der Physiognomie. Der Duke of Wellington hatte eine Nase von schier unglaublicher Dimension, weshalb ihn seine Soldaten »den Schnüffler« nannten. Aristoteles hingegen postulierte: »Wer eine dicke Nase hat, ist träge.« Gut und schön. Aber was bedeutet das nun für Bullys? Physiognomie impliziert gewöhnlich das menschliche Antlitz. Doch da die Physiognomie von Menschen stets über ihre Ähnlichkeiten mit Tieren begriffen wurde, lässt sich diese Betrachtungsweise zu Recht übertragen.

»Charme
ist der unsichtbare Teil
der Schönheit,
ohne den niemand
wirklich schön sein kann.«

(Sophia Loren)

Also: Bei den Französischen Bulldoggen ist die Nase kurz, sehr kurz sogar, geradezu zurückgenommen – also ist er anscheinend weder ein Schnüffler noch träge (zugegeben: eine gewisse Tendenz zum Faulenzen gibt es doch). Der Kopf ist breit und quadratisch, die Stirn gewölbt, die Kopfhaut ist lose und weich sowie von zahlreichen symmetrischen Falten durchfurcht. In heutigen Zeiten vielleicht ein Fall für den Schönheitschirurgen? Die Kiefer der Frenchies sind breit, quadratisch und vor allem sehr kräftig. Wüsste man es nicht besser, man könnte denken, die Natur hätte das Tier eigentlich zum Fleischhauer bestimmt. Dies ist ebenso gemein wie die Bezeichnung der österreichischen Kaiserin Maria Theresia als »Bullenbeißerin« – allein wegen ihrer mächtigen Unterlippe.

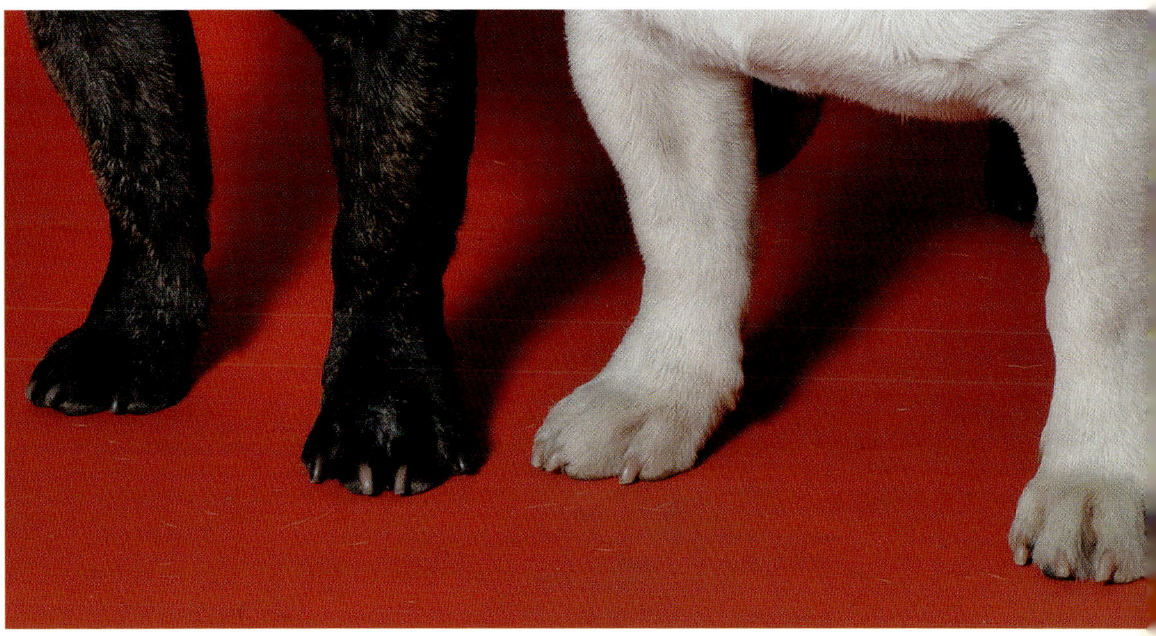

»Der Hund
braucht sein Hundeleben.

Er will zwar
keine Flöhe haben,
aber dennoch
die Möglichkeit,
sie zu bekommen.«

(Robert Lembke)

Der unvergleichliche Charme der Bullys erschließt sich so manchem erst auf den zweiten Blick.

Grazil und elegant verschmilzt der Hund mit dem Design des Teppichs.

BIJOU

Bisou – immer im Mittelpunkt

Unser Frenchie musste, das war klar, auch einen französischen Namen haben. »Kuss« heißt auf Französisch »baiser«, in Anlehnung daran klang Bisou nach einem richtigen Herzchen, das nichts lieber will, als gestreichelt zu werden.

Der legendäre Tanz mit dem Besen

Bisou gehorcht hervorragend, auch deshalb, weil er uns gefallen möchte – es scheint, als würde er mit seinem unerschrockenen Blick direkt in unsere Seelen schauen. Selbst wenn ein Stück Wurst vor seiner Nase baumelt, schnappt er nicht einfach gierig zu, sondern wartet, bis wir ihm ein Zeichen geben, dass er es jetzt fressen darf. Dabei kann man nicht von ihm behaupten, er hätte kein Interesse an Futter. Ganz im Gegenteil. Gehen wir mit ihm spazieren, gefällt ihm das ausnehmend gut, wobei er darauf achtet, jede nur kleinste Pfütze oder matschige Stelle zu vermeiden. Eigentlich ist er ein städtischer Hund und bevorzugt Straßen, die von Geschäften gesäumt werden. »Liberty« ist sein erklärter Lieblingsladen, da er dort von den Angestellten am meisten Beachtung bekommt.

Und so ist es auch: Bisou kriegt nie genug davon. Er liebt nichts mehr, als von Menschen umgeben zu sein. Wann immer er eine Möglichkeit sieht, von einer Hand getätschelt zu werden, er nimmt sie wahr. Diese Rolle als letztlich »wärmender Handschuh« wird von ihm mit großer Ernsthaftigkeit ausgeführt, nichts könnte ihn davon abhalten, ihr nicht gerecht zu werden.

Bisous Mutter war eine Wettkämpferin, doch als wir ihn als jungen Hund zu Ausstellungen mitnahmen, entwickelte er eine Phobie gegenüber den Tischen, auf denen sich die Tiere präsentieren mussten sowie gegenüber älteren und sich langsam nähernden Juroren – erstaunlich angesichts seiner Neigung, im Mittelpunkt stehen zu wollen.

Zu Fremden ist er freundlich, aber keineswegs ist er auf deren Zuneigung angewiesen. Begegnet er Menschen, die sonnenbaden oder picknicken, umkreist er sie nonchalant. Wenn andere Hunde laut und ausufernd bellen, ist er perplex. So etwas würde er nie machen. Stattdessen ist er aber in manchen Dingen nicht weniger manisch. Bisou springt gern herum, kann gleich einem olympischen Athleten zu enormen Sprints ansetzen, längere Distanzen sind jedoch in dieser Geschwindigkeit nicht zu bewältigen. Und wie viele Französische Bulldoggen hat er eine Neigung dazu, seine Pfoten ausdauernd zu pflegen. Als einen Schwimmer kann man ihn nicht bezeichnen. Als Welpe hatte er einmal versucht, einigen Enten hinterher zu jagen – erfolglos, denn sein schwerer Kopf und die kräftige Schulterpartie trieben ihn nach unten. Doch für eine warme Dusche ist er immer zu haben. Er mag es sehr, wenn man ihn verwöhnt und täglich seine Falten ausbürstet.

Zur Entspannung trägt er außerdem einen kleinen Kampf mit unserem Besen aus, spielt Verstecken, schiebt eine »Nummer« mit seinem fluffigen Spielzeughund – und er ist sehr dankbar gegenüber seinem »Shaggy«, das dieser keine Anstalten macht, selbst aktiv zu werden.

Marc Versloot und Dominic Goncalves

Und schön? Ist ein Bully schön? Wer meint, Schönheit hat mit Gleich- und Ebenmaß zu tun, etwa mit einem Setteraussehen oder einem Dackelblick, der darf selbstverständlich bei seiner Meinung bleiben. Mag der Bully, ein Muskelpaket von Hund, auf den ersten Blick recht mürrisch wirken, entpuppt er sich auf den zweiten als der größte Charmebolzen. Ja, wer eine solche Veränderungsfähigkeit aufweisen kann, ist mehr als schön. Nämlich ungewöhnlich. Oder um noch einmal Schiller zu bemühen: »Schönheit ist Freiheit in der Erscheinung«.

Jenseits der philosophischen Debatte gibt es natürlich handfeste Rassestandards, die die Schönheit eines Frenchies an den typischen Merkmalen festmachen – zum Leidwesen der Vierbeiner. Die Übertypisierung der Frenchies ist häufig für deren überaus zerbrechliche Gesundheit verantwortlich. Die übertriebene Schönheitszucht führte dazu, dass die Köpfe im Laufe der Zeit immer größer, die Schnauzen immer flacher und die Beine immer kürzer wurden – Atem-, Knochen-, und Herzprobleme waren das Ergebnis.

»Tiere reden mit den Augen
oft vernünftiger
als Menschen mit dem Mund.«

(Ludovic Halévy)

Diejenigen, die ihre Vierbeiner nur nach ihrer äußeren Perfektion beurteilen und mit ihrem Tier von Ausstellung zu Ausstellung jagen, scheinen vergessen zu haben, worum es beim Bully in Wirklichkeit geht: um den Charakter. Ob mit Narbe, grauem Fell oder verschiedenfarbigen Augen – ein gesunder, glücklicher Bully ist immer ein herrlicher Anblick. Und oft auch ein durchaus komischer: Manchmal wirkt der Bully durch die nachlassende Breite des Unterkiefers wie ein Frosch, der nicht weiß, ob er zu einem Sprung ansetzen soll oder nicht. Stehen die Fledermausohren besonders aufrecht, glaubt man: Hier ist jemand auf Sendung und möchte etwas ganz besonders Wichtiges von sich geben. Wie kaum ein anderer Hund hat man beim Frenchie das Gefühl, dass er ein Alles-Versteher ist.

»Ich habe große Achtung
von der Menschenkenntnis
meines Hundes.

Er ist schneller und gründlicher
als ich.«

(Otto von Bismarck)

Wie bei kaum einem anderen Hund wirkt in Bullys tierischem Gesicht alles ziemlich unproportional. Sind seine großen Kulleraugen nun angemessen oder nicht? Ist die Knautschnase nicht doch ein wenig grotesk? Aber genau das ist sein Geheimnis: Da die einzelnen Partien bei ihm so scheinbar nicht zusammenpassen wie die rote Nase eines Zirkusclowns, die groß geschminkten traurigen Augen und die überlangen Schuhe, erzielt er diesen unglaublichen Effekt!

Charles Darwin, dieser britische Naturforscher aus dem 19. Jahrhundert, hat sich nicht nur mit Rankenfußkrebsen, Regenwürmern und Riesenfaultieren beschäftigt, sondern streng naturwissenschaftliche Erklärungen abgegeben, die die Grundlagen der modernen Evolutionsbiologie bilden.

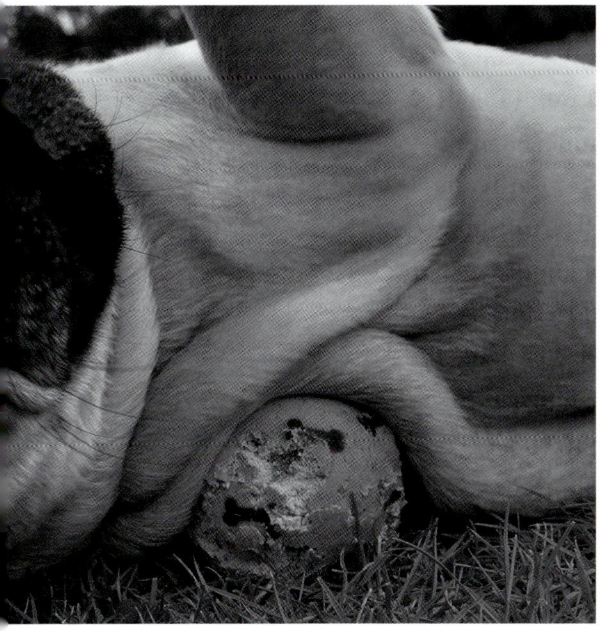

Um zu seinen Erkenntnissen zu gelangen, unternahm er Reisen mit der HSM Beagle – eigentlich ein Unding, HSM Bully wäre eindeutig der passendere Name für das Schiff gewesen. Denn Darwins These, dass sich nur diejenigen Arten durchsetzen, die sich am besten der Umgebung anpassen, ließe sich vortrefflich an den Frenchies beweisen.

Macht es sich ein Bully auf einer Leder- und Stahlliege von Le Corbusier bequem, verschmelzen Design und Hund so miteinander, dass man auf die Idee kommen könnte, der schweizerisch-französische Architekt und Möbelgestalter habe bei der Planung des Ausruhobjekts nicht einen erholungsbedürftigen Menschen im Sinn gehabt, sondern eben eine Französische Bulldogge.

Oder anders gesagt: Die Anpassungsbereitschaft eines Bullys ist so enorm, dass er sich geradezu mimikryartig mit dem Möbelteil verbindet. Selbst Teppiche mit ausladenden ornamentalen Mustern schrecken ihn keineswegs ab. Hat er auf einem solchen alle vier Pfoten ausgestreckt und räkelt sich genüsslich, erscheint er wie eine Fortsetzung des mäandernden Designs. Bei Spaziergängen durch die Straßen einer Stadt setzt er stilvolle Akzente zum Asphaltanthrazit oder Steingrau, nahezu in edler Ton-in-Ton-Abstufung. Und Rasenflächen in einem frischen Grün – da könnte man meinen, sie würden einen Bully vor einer schier unlösbaren Herausforderung stellen. Doch keineswegs: Bei hohem Wildwuchs wird er dank seiner Größe unsichtbar, und einem perfekt geschorenen Rasen macht er mit seinem perfekten weichen, glänzenden Kurzhaarfell Konkurrenz.

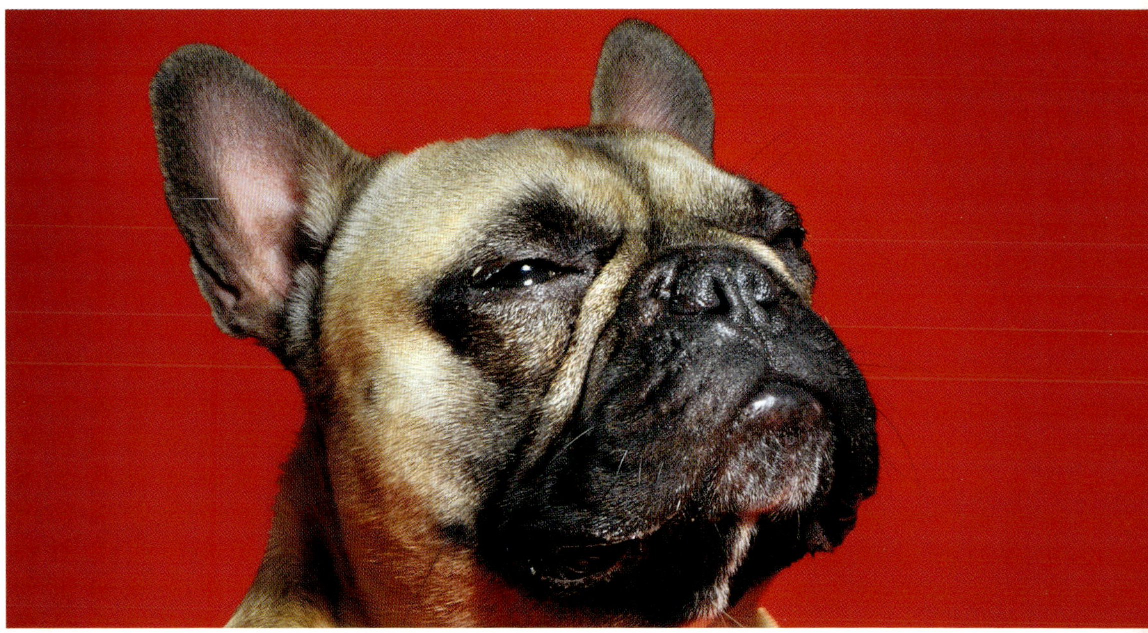

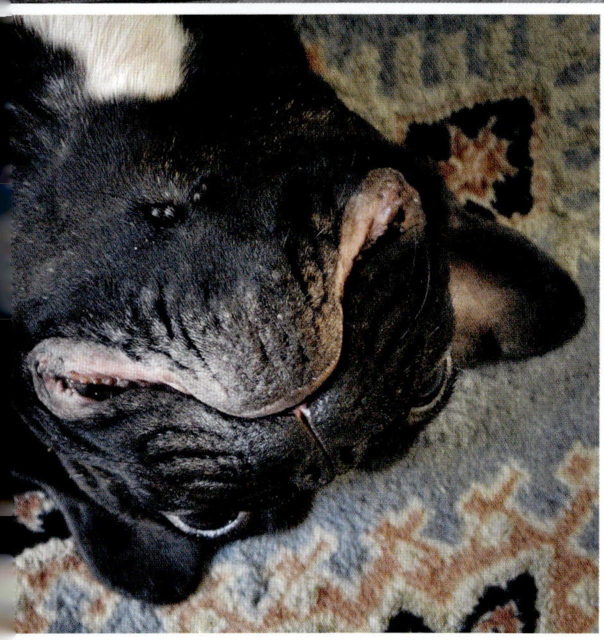

»Daß mir der Hund
das Liebste ist,
sagst Du, oh Mensch,
sei Sünde.

Der Hund
bleibt Dir im Sturme treu,
der Mensch
nicht mal im Winde.«

(Franz von Assisi)

SPIELENDE EROBERUNGEN

WENN ES SPIELERISCH ZUR SACHE GEHEN SOLL, KNEIFEN BULLYS ÄUSSERST SELTEN.

Ihr Spieltrieb ist erstaunlich ausgeprägt, und dabei markieren sie auch gern mal den dicken Max. Das ist nicht unbedingt gegenüber jedem anderen Hund angebracht – und die Zeiten mit den Bullen sind ja glücklicherweise längst vorbei. Aber kommt es zu einer Begegnung mit einem Artgenossen, gibt es kein Halten mehr. Da flitzt man mit und um den anderen Frenchie herum, dass einem schon beim Zusehen schwindelig wird. Und manchmal steigern sich die beiden so in das Gerenne hinein, dass sie auf einmal stoppen und einen Kampf auf zwei Beinen austragen. Es fehlen dann nur noch der Ring und die Boxhandschuhe. Ein Schiedsrichter wird nicht gebraucht, die Rudelregeln sind bekannt, da muss niemand auszählen, zumal es auch nicht um einen K.O.-Sieg geht. Aber deshalb ist der Fight nicht weniger wichtig. Der eine dicke Max will nämlich dem anderen dicken Max zeigen, dass er der etwas kleinere dicke Max ist. Natürlich mit dem Ziel, die Rangordnung herzustellen, so wie es sich gehört.

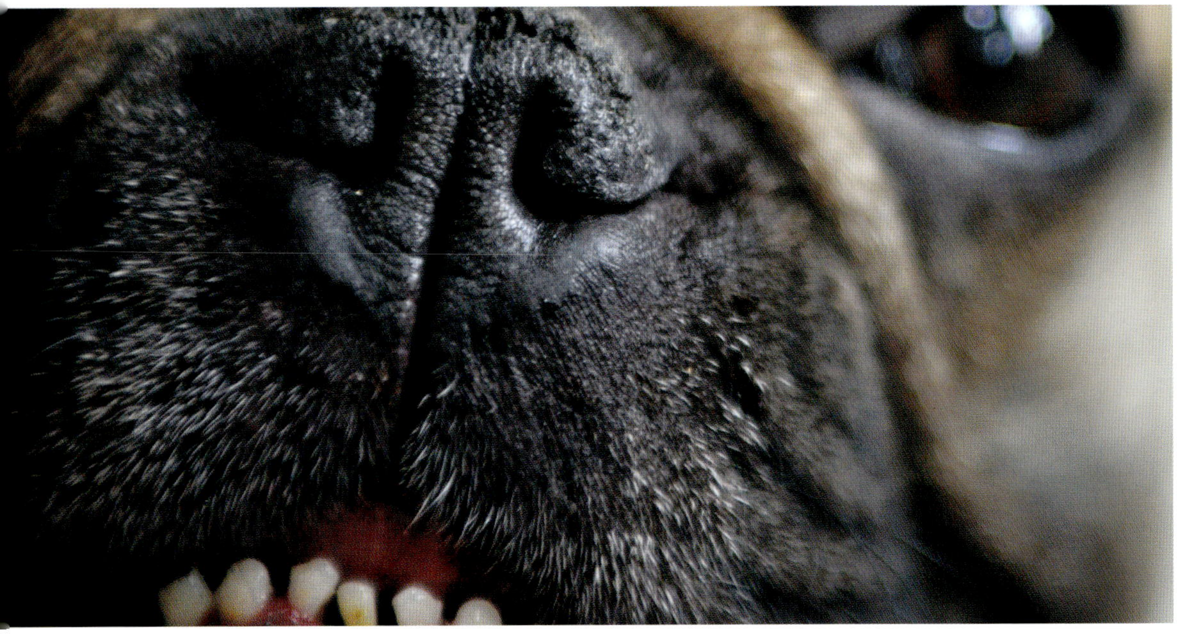

Doch nicht immer ist das schnell geklärt. In diesem Fall muss man manchmal mit etwas Knurren und noch mehr Zähnefletschen nachhelfen. Der Spielgegner soll mit diesen eindrucksvollen Tönen und Gesten endlich begreifen, dass er sich seinem Schicksal zu beugen hat. Andere Hunde schauen dann irritiert zu den beiden Frenchies hinüber, die sich da so lautstark balgen müssen. Auch Besitzer von Französischen Bulldoggen zucken oft zusammen, wenn sie diesem dramaturgisch perfektem Schauspiel zum ersten Mal beiwohnen. Eigentlich hatte man sich ja einen liebreizenden Stadthund erwerben wollen und keinen wilden Wolf. Es hatte schon gereicht, als Braunbär Bruno die deutschen Wälder nach Beuteschafen durchstreifte, und nicht weniger, als auf seinen Spuren auch noch Kuh Yvonne folgte.

Wenn sie auch keine Schafe riss, so hatte sie doch diesen unverschämten Trieb, die schöne grüne Wiese zu ignorieren und das dichte Gestrüpp zu bevorzugen. Das war Wildnis genug. Aber wenn das Herumkloppen mit den Pfoten ein Ende gefunden hat – meist nach zehn Minuten und ganz ohne davongetragene Blessuren –, ist es auch sofort wieder vergessen. Sowohl bei Tier als auch Mensch. Die beiden Gladiatorenkämpfer liegen nun matt nebeneinander, sie sind nicht mehr die dicken Maxe, sondern schlicht und einfach dicke Freunde. Nach einer ausreichenden Pause raffen sie sich wieder auf, jagen sich gegenseitig um jeden Grashalm herum, garantiert nicht ohne den Austausch kleiner Knuffs ins Hinterteil. Aber auch das kann nur die gerade begonnene Freundschaft für's Leben vertiefen

LAIKA, GORDO, MOUSE

Laika, Gordo und Mouse – das Spielertrio

Es ist wirklich nicht immer leicht mit Laika, Gordo und Mouse – dafür ist es nie langweilig, und das rechne ich dem Dreiergespann hoch an. Mit Gordo begründete ich das Trio.

Aller guten Dinge sind drei

Eigentlich wollte ich zwei Welpen großziehen, als Ideal stellte ich mir Geschwister vor. Aber jeder riet mir davon ab, warnte, das sei zu anstrengend. Also wartete ich ab, bis Gordos Mutter wieder einen Wurf hatte, das war genau acht Monate später.

Und so kam Laika zu mir. Als ich sie im Wohnzimmer des Züchters auf den Arm nahm, leckte sie mein Gesicht ab – und da war es um mich geschehen. Eigentlich war für sie eine Karriere auf Hundeschauen vorgesehen, doch Mark, der Züchter, hatte ein Einsehen und vergaß seine Pläne, die er mit ihr hatte.

Mouse war wiederum ein Zufall, ein glücklicher Zufall. Eine Freundin wollte zu einem Züchter von Französischen Bulldoggen und bat mich, sie zu begleiten. Da schauten mich so zwei kleine runde Augen an ... Der Züchter meinte traurig, der Welpe hätte gesundheitliche Probleme, eine Kieferspalte, die zu operieren würde wohl insgesamt mehr kosten als der Hund selbst. Ich rechnete ihm hoch an, dass er mir das sagte. Doch hielt mich sein Hinweis nicht davon ab, mich für den Welpen zu entscheiden. Ich sorgte dafür, dass Mouse von einem guten Tierarzt untersucht wurde, und es stellte sich heraus, dass es nur eine

So macht auch Gemüse Spaß.

einfache Gaumenspalte war, die ohne große Schwierigkeiten behoben werden konnte. Und in seinem Charakter hatte ich mich nicht getäuscht: Man kann ihn nur lieben.

Ein Bully-Trio zu managen war am Anfang manchmal ein Kampf, da jeder Hund eine ausgeprägte Persönlichkeit ist. Es war dann nötig, zu einer Hundetrainerin zu gehen, sonst wären die Konflikte wohl zu groß geworden. Doch nach einiger harter Arbeit war es geschafft: Nun sind die drei zu einer kleinen harmonischen Gruppe zusammengewachsen. Ihre Eskapaden und Mätzchen machen jeden Tag zu einem Sonnentag. Es ist unmöglich, keine gute Laune zu bekommen, wenn die drei Clowns um einen herum sind.

Kelly McCallum

»Die kalte Schnauze
eines Hundes
ist erfreulich warm
gegen die Kaltschnäuzigkeit
mancher Mitmenschen.«

(Ernst R. Hauschka)

So mancher Frenchie soll sich nur mit Artgenossen abgeben und Hunde anderer Rassen links liegen lassen. So schreibt schon die französische Dichterin Collette 1932 über ihre Bully-Hündin: »Wenn sie einen gewöhnlichen Hund trifft, denkt sie an nichts, denn sie beachtet andere Hunde erst gar nicht. Unter meinen vier Bulldoggenhündinnen gab es keine, die einem Basset, einem Windhund oder einem Schäferhund Bedeutung beimaß. Eine Art Erstarrung, besonders bei sexueller Erregung, suchte sie ab und zu heim, wenn ein heißblütiger Fremder mit wehendem Fell und einer langen, heraldischen Schnauze versuchte, sie in seine Gewalt zu bringen. Ich sah sie auf dem Boden liegen, Auge in Auge, aber sein Werben blieb vergeblich, denn sie wendete sich von dem Belagerer einfach ab. Die Bulldogge liebt nur eine einzige Rasse – die eigene.«

»An einem
schönen Nachmittag
mit einem Hund
auf einem Hügel zu sitzen,
bedeutet
wieder im Paradies zu sein,
wo Nichtstun
nicht Langeweile war,
sondern Frieden.«

(Milan Kundera)

Hundestolz – par excellence

Ausgiebige Spieleinheiten sind das Größte.

Ist kein Spielgefährte auf Augenhöhe in der Nähe, gibt man sich als Frenchie auch mit einem Menschen zufrieden. Als sozial eingestelltes Wesen macht man keine so großen Unterschiede, man muss sich bei den Zweibeinern einzig darauf einstellen, dass die Größenordnung eine andere ist: Boxkämpfe und Bisse ins Hinterteil fallen definitiv weg. Aber andere Möglichkeiten tauchen auf, die auch passabel sind. Bevorzugt werden Stöcke, an denen von beiden Seiten gezogen wird. Bullys mit den Zähnen, Hundehalter mit den Händen. Wenn die Stöcke ihren Dienste getan haben, werden diese links liegen gelassen – und der Bully konzentriert sich auf Herrchens oder Frauchens Hände. Also gibt es doch Möglichkeiten einer Offensive! Auch beim Menschen! Gerade wenn der Besitzer einer Französischen Bulldogge im Garten werkelt, Unkraut zupft oder eine Pflanze einsetzen will, ist eine stürmische Attacke möglich. Es wird aber nicht gebissen, nur leicht zugeschnappt.

»Müsste ein
italienischer Designer
ein Tier erfinden,
käme bestimmt
eine Katze dabei heraus.
Sie ist windschnittig
und einfach das schönste Tier
auf der Welt.
Hunde sind auch schön,
aber sie sabbern.«

(Akif Pirinçci)

Auch die nackten Füße eines menschlichen Zweibeiners sind faszinierende Knabberobjekte. Da Frenchies notorische Kauer sind – mit dem Ziel einer Stärkung der Kiefermuskulatur –, empfiehlt es sich, immer einen Knochen parat zu haben, an dem sie sich austoben können. Denn werden Hände und Füße zu Verbotszonen erklärt, suchen die Hunde nach Ausweichmöglichkeiten. Und was könnte da in Frage kommen? Kissenbezüge, Schuhe, und auch vor Holzstuhlbeinen wird nicht Halt gemacht. Es wäre wirklich schade darum, wo doch ein einfacher, ordinärer Knochen der beste Möbelschutz ist. Als großer Spieler ist ein Bully auch stets ein großer Spaßmacher, der genau weiß, wie er sich verhalten muss, um seine Mitspieler bei Laune zu halten. Da wird Seltsames angeschleppt, die eine oder andere Kopfhaltung ausprobiert, ein bisschen getänzelt, nur um das angefangene Spiel fortzusetzen. Klar, dass man sich dem Charme des Hundes nicht entziehen kann.

»Etwas Gescheiteres
kann einer doch nicht treiben
in dieser schönen Welt
als spielen.

Mir kommt
das ganze Leben
vor wie ein Spiel.«

(Henrik Ibsen)

»Einem Menschen,
den Kinder und Hunde
nicht leiden können,
ist nicht zu trauen.«

(Carl Hilty)

Bei so viel sozialem Engagement fällt es dem Bully aber schwer, wenn er alleine bleiben muss. Zur Unterhaltung muss als Dauereinrichtung nicht unbedingt ein zweiter oder gar ein dritter Frenchie her – die vierbeinigen Begegnungen auf den Spaziergängen reichen vollkommen aus. Französische Bulldoggen sind keine ausgesprochenen Rudeltiere wie etwa Beagles, aber schön wäre es schon, wenn sich in der Nähe ein menschliches Wesen befinden würde. Der kann ruhig lesen, auf seinem Hometrainer einige Kilometer abfahren oder in der Küche diverse Gerichte zubereiten. Er muss sich gar nicht auf den Hund konzentrieren, Hauptsache, es gibt etwas zu beobachten. Außerdem wirkt so ein Mensch beruhigend und ablenkend, wenn Hund sich in Hund verliebt hat. Vor lauter Sehnsucht können Bullys da herzzerreißend heulen, und selbst die größten Fresser verweigern in diesen schwierigen Zeiten schon mal den besten Inhalt eines Napfs. Aber warum sollte es ihnen da besser gehen als den Zweibeinern?

MIR GEHÖRT DIE GANZE WELT

AHA, EIN KÖNIGSPUDEL IN SICHT. UND DORT EIN SCHÄFERHUND.

Angsthasen würden sich dicht an die Hauswand drängen oder in einer Grünanlage das Weite suchen, nicht so Bullys. Von Natur aus hapert es zwar mit der Größe, aber deswegen ist man nicht weniger mutig. Und auf Draufgänger-Qualitäten muss man auch keineswegs verzichten. Die leicht mürrisch wirkende Miene, der drahtige, kompakte Körper, der sportliche Ehrgeiz – das macht schon was her. Und so lässt sich eine Französische Bulldogge kaum von einem höher gewachsenen Vierbeiner einschüchtern, selbst wenn der andere austeilt, man hat ja eine dicke Haut und kann ganz gut einstecken. Das Temperament eines Bullys ist aber nicht zu verwechseln mit Aggressivität – er stellt sich nur gern Herausforderungen, so wie sie jedem wilden Abenteurer zustehen. Und hat man Bullys schon im Welpenalter mit anderen Hunden sozialisiert, werden sie nicht auf die Idee verfallen, mehr zu wagen, als ihnen gut tut.

»Die Achtung
vor der Eigenart
des Tieres
ist die Grundlage
für eine Freundschaft
mit ihm.«

(Alfred Buckowitz)

MEIN BULLY

SMEDLEY

Smedley –
der mutige Draufgänger

Smedley – meist rufen wir ihn Smed – bekamen wir am 28. August 2008. Seitdem ist unser Leben nicht mehr dasselbe.

Smed auf dem Eroberungspfad

Eine Portion Größenwahn gefällig?

Würde man eine Familie mit Hund für eine Comedy-Serie suchen, wir wären dafür geeignet. Chaos, Hysterie, Überspanntheit und große Freude – alles können wir bieten.

Aber genau das wollten wir auch: keinen gewöhnlichen Hund, sondern einen mit Charakter, mit ausgeprägten Eigenschaften. Aus diesem Grund hatten wir uns für einen Bully entschieden. Sechs Stunden fuhren wir, um ihn abzuholen, sechs Stunden wieder zurück. Die lange Reise hat sich gelohnt, das merkten wir schnell. Smed war vom ersten Tag an einzigartig. Und äußerst loyal. Schläft man auf der Couch ein, wird er wach. Verlässt man den Raum, folgt er sofort. Und selbst als eines unserer Kinder ihn fast über zwei Jahre hinweg terrorisierte, schien ihm dies nichts auszumachen. Er blieb freundlich.

Als Welpe brach er sich ein Bein, weil er einmal zu heftig herumsprang. Er hatte es immer wieder mit einer Steinmauer aufgenommen, die er unbedingt durchbrechen wollte. Zum Nachteil eben seiner Gelenke. Doch nach zwei Operationen hatte man sein Bein so fixiert, dass heute nichts mehr von dem Ergebnis seines Angriffs zu sehen ist. Einzig übrig geblieben ist eine Narbe, auf die er stolz ist wie ein Gangster auf seine Blessuren – jedenfalls nehmen wir das an.

Zweimal in der Woche hat er um Punkt fünf Uhr am Nachmittag »seine blaue Phase«. Wie ein vor Energie aufgeladener Kraftprotz springt er dann pausenlos im Garten herum, alles niederrennend, was sich ihm in den Weg stellt. Die Hinterpfoten überholen die vorderen, man kann das bei dieser Geschwindigkeit aber kaum noch wirklich auseinanderhalten. Befindet man sich gerade im Garten, ist es das Beste, zu einer Statue zu mutieren, vor ihr hat Smed noch einen gewissen Respekt.

Auf sie mit Gebrüll…

Nach zehn Minuten der Raserei kollabiert er augenblicklich – und schläft in den nächsten zwei Stunden tief und fest. Wir haben dafür noch keine Erklärung dafür gefunden. Aber es ist vermutlich einfach sein Ding!

Andrew und Alex Maw

Draufgänger zeichnen sich auch gern dadurch aus, dass sie für jeden Unsinn zu haben sind. Manche halten ihre Nase permanent am Boden, um irgendetwas zu finden, womit sich etwas anstellen lässt. Man könnte fast den Eindruck gewinnen, als wären diese Exemplare in einem früheren Leben Staubsauger gewesen, zumal nicht die geringste Ecke ausgelassen wird, auch nicht die Partie unter dem Bett, die selbst Putzfrauen mit Vorliebe ignorieren. Weiße Bullys sehen dann hinterher oft aus, als hätte man sie mit einem Wischlappen gekreuzt.

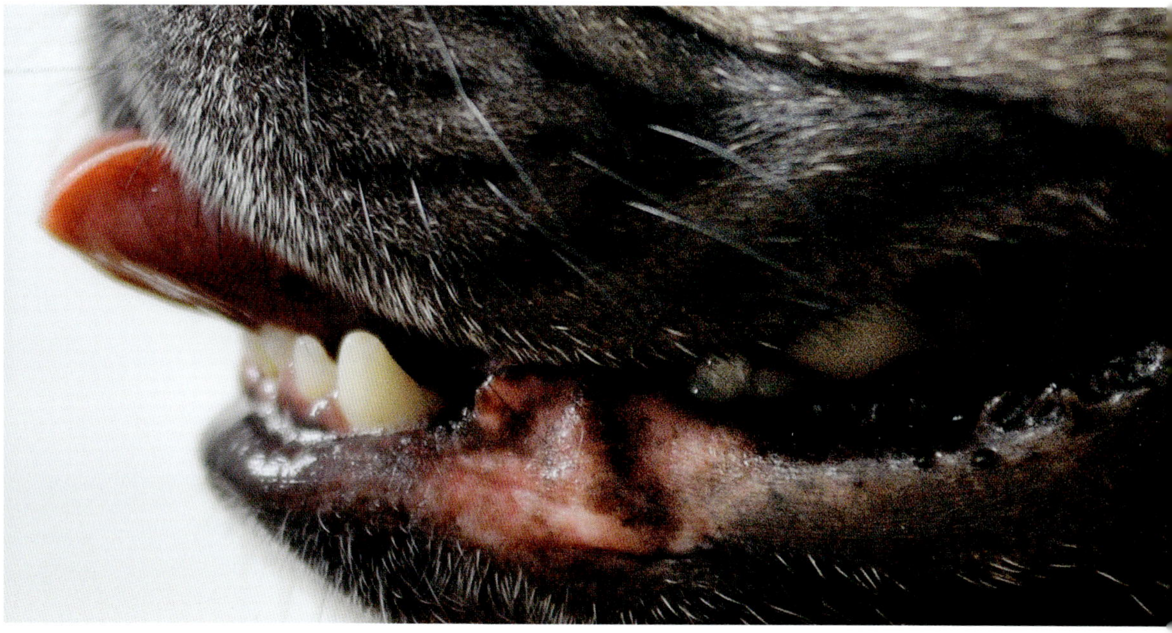

Heiß begehrt sind auch Mülltonnen, dienen sie doch dazu, den eigenen Scharfsinn zu testen. Was könnte diesmal drin sein? Das Papier einer Butter? (Okay, kann man ablecken.) Kartoffelschalen? (Na ja.) Eine in der Küche heruntergefallene Mortadellascheibe, die man nicht mehr essen wollte und der Hund nicht durfte? (Perfekt, wenn sie nicht zu viel Schimmel angesetzt hat – aber letztlich auch egal.) Gerade wenn es so richtig schön wird, erfolgt ein Pfiff. Ein eindringlicher Pfiff. Er besagt, dass Frauchen/Herrchen das Treiben untersagt.

»Nach manchem Gespräch
mit einem Menschen
hat man das Verlangen,
einen Hund zu streicheln,
einem Affen zuzunicken
und vor einem Elefanten
den Hut zu ziehen.«

(Maxim Gorki)

Aber wie aus heiterem Himmel wird in diesem Moment der Bully von einer Krankheit überfallen, die sich Taubheit nennt. Und dieses Leiden ist dann auch extrem ausgeprägt, denn selbst lautere Pfiffe dringen einfach nicht zu ihm durch. Wahrscheinlich hatte man vergessen, die Ohren zu putzen. Ein ähnlicher Gehörschaden zeigt sich auch in Situationen, in denen Herrchen und Frauchen sich für eine Abendveranstaltung umziehen und in den schwarzen Anzug beziehungsweise in das helle, bodenlange Satinkleid vom Lieblingsdesigner steigen. Nähert sich der Hund, ist die Gefahr von Sabber und Haaren mit enormer Klebkraft groß. Sagt einer der beiden Zweibeiner: »Sitz, Platz!«, kommt das irgendwie nicht an. Bullys Ohren hören etwas anderes: »Komm, spring!«

Sobald der Bully etwas Interessantes entdeckt, ist er quicklebendig und sofort bereit, jeden Blödsinn mitzumachen.

Spielend gelingt es dem aufgeweckten Kerlchen, kleine Sorgen in ein Lächeln zu verwandeln.

Etwas kleinlaut werden diese Wildfänge, wenn es draußen zu grollen anfängt und Blitze und Donner die Welt zerteilen wollen. Besonders heikel wird die Situation, wenn das Unwetter mitten bei einem Spaziergang über Feld und Wiese einbricht. Da will ein Bully am liebsten einfach nur weg. Mit den Naturgewalten hat er es als Zampano dann auch nicht so sehr, lieber ist man ein kleiner Stadtguerillero, da ist das Terrain deutlich abgesteckt. Als solcher stupst er auch gern seinen Begleiter an, im Sinne von: »Hey, eigentlich wollte ich etwas ganz anderes als das, was du willst. Mal sehen, wer hier gewinnt.« Gerhard Schröder hätte mit seiner »Basta«-Politik bei Bullys keine Chance gehabt. Kräftemessen, das ist ein von ihnen geliebter Sport, der mit großer Leidenschaft zu jeder Tageszeit ausgeübt werden kann – wenn gerade nicht die Ruhephase strikt eingehalten wird. Übrigens dient als Ruhestätte alles, was weich ist, in den seltensten Fällen ist es aber der Hundekorb. Sofas und Tagesdecken, die über Betten liegen, stehen auf der Hitliste ganz oben.

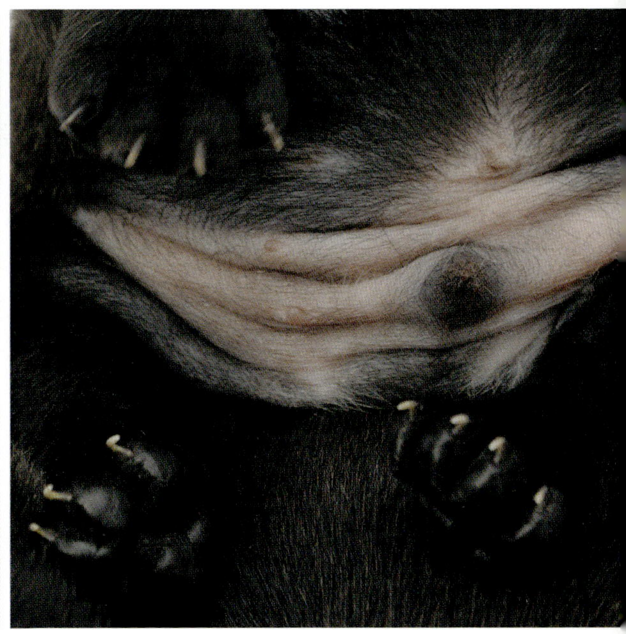

Dass es sich bei einer Französischen Bulldogge um einen Hund handelt, der in die Fußstapfen von Piraten treten möchte, wird auch offenbar, wenn Wasser naht. Seltene Exemplare haben Furcht vor dem Nass. Da ist es ganz gleich, ob ein sonnenbeschienener Teich lockt, ein plätschernder Flusslauf oder die heimische Badewanne. Aber wie gesagt, dass sind die Ausnahmen. Die zählen jetzt nicht. Der echte Seeräuber stürzt sich ins Wasser, spritzt um sich herum, schüttelt das Fell, als gäbe es nichts Tolleres. Beute machen wäre vielleicht noch toller, aber die Ente wird am Ende schneller sein, außerdem weiß man, dass das Ausleben solcher Triebe nicht gut ankommt. In den eigenen vier Wänden geht es auch nicht disziplinierter zu, da ist eine Überschwemmung garantiert, die jeden Fußboden verschwinden lässt. Wüsste man es nicht besser, dann hätten alle Bullys bei einem gemeinschaftlichen Bad die Sintflut hervorrufen können.

»Lass den Hund
bellen,
singen
kann er nicht.«

(Friedrich Schiller)

Der eine oder andere Draufgänger ist zudem auch ganz wild, den Globus zu erkunden. Er lässt sich den Fahrtwind um die Nase wehen, wenn es im Auto in die Ferien geht und gibt sich ganz als der große Weltenbummler. In der Fremde gibt es ja eine Menge zu entdecken ... Aber irgendwie ist es auch etwas anstrengend. Sicher, man kann da mal so richtig unter Beweis stellen, dass man zu Recht als Abenteurer bezeichnet wird, aber zu viel Neugierde zu demonstrieren, ist doch mit einigen Mühen verbunden. (Zumal man bei Reisen ins europäische Ausland geimpft werden muss und einen Mikrochip zur Identifizierung verpasst bekommt.)

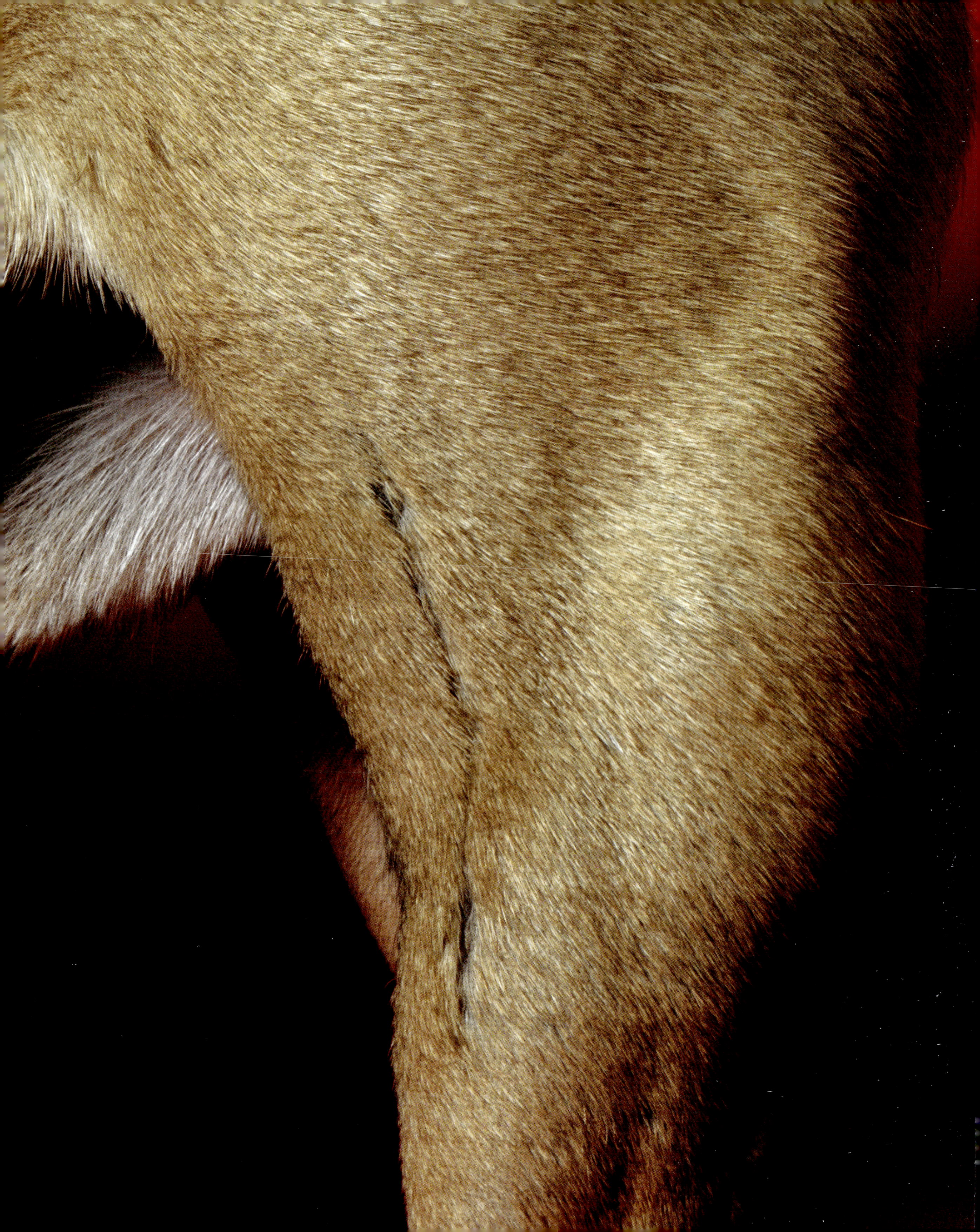

»Es ist das Glück
der Waghälse,
daß die Götter manches
nicht für möglich halten.«

(Heinrich Waggerl)

»Vielleicht stünde es
besser um die Welt,
wenn die Menschen Maulkörbe
und die Hunde
Gesetze bekämen.«

(George Bernhard Shaw)

Im Grunde hätte man nichts dagegen, würde man zu Hause bleiben und weiterhin seine gepflegten Tagestouren unternehmen – tief im Herzen ist man doch ein Stammtisch-Bully, der sich freut, Altbekanntes ständig neu zu erforschen. Und ebenso würde man sich auch nicht wehren und in Depressionen verfallen, sollte die menschliche Familie eine Flugreise gebucht haben. Dann kann man zwar nicht mit, aber dafür die zwei Wochen beim Nachbarn oder der Oma zubringen, und das ist lässig zu überwinden. Und wenn die Zweibeiner dann wiederkehren, werden sie mit freizügiger, uneingeschränkter Liebe erwartet – in der Hoffnung, dass man nicht nur selbst mit dem Schwanz wedelt, sondern auch der Mensch. Aber das wird wohl eine Hundevision bleiben.

ALLES HALB SO WILD

WIE SIEHT ES MIT DEN LAUFLEISTUNGEN EINES BULLYS AUS?

Ein Bully nimmt vieles sportlich, aber als einen ausdauernden Athleten kann man ihn nicht gerade charakterisieren. Und einen Wettkampf mit einem Beagle würde er gar nicht erst aufnehmen wollen, wohl wissend, dass er ihn verlieren würde. Bei langen Waldwanderungen fängt die Knautschnase an zu zittern, jedoch nicht unbedingt vor Glück, schon gar nicht vor Jagdeuphorie. Dagegen sind Shopping-Touren durch urbanes Milieu beliebt, besonders mit gelegentlichen Zwischenstopps in einem Café. Auch Friseurbesuche des Hundebesitzers sind willkommene Attraktionen, da sie angemessene Ruhepausen ermöglichen. Daher zählen auch Treppenstufen nicht zu Bullys Lieblingsdingen, sondern werden vielmehr als Zumutung betrachtet. Eine Ignoranz der Kurzatmigen! Fahrstuhllifts sind das Mindeste, was geboten werden muss, wenn denn das Zuhause nicht gerade eine Stadtvilla ist.

Um den mangelnden sportlichen Kampfesgeist auszugleichen, haben sich Bullys anscheinend auf das verlegt, was Schüler in einer ähnlichen Situation als positiven Ausweg wählen: Sie werden Klassenclown. Da Frenchies sich eher in Wohnungen und nicht unbedingt in Klassenräumen aufhalten, könnte man bei ihnen eher von einem Hausclown sprechen. Intelligent wie sie sind, setzen sie auf Witz, auf eine ausgeprägte Mimik. Wie jeder große Clown kann ein Bully zum Erstaunen, Nachdenken und Lachen bringen. Und zu jeder Sekunde sind sie bereit, jeden Blödsinn mitzumachen. Wer sich selbst nicht so ernst nimmt, kommt da bestens mit einem Bully aus. Und wer bei einem Blick in diese runden Augen nicht lächeln kann, weiß eines: Um diesen Hund sollte er einen großen Bogen machen.

»Je mehr ich
von den Menschen sehe,
umso lieber
habe ich
meinen Hund.«

(Friedrich der Große)

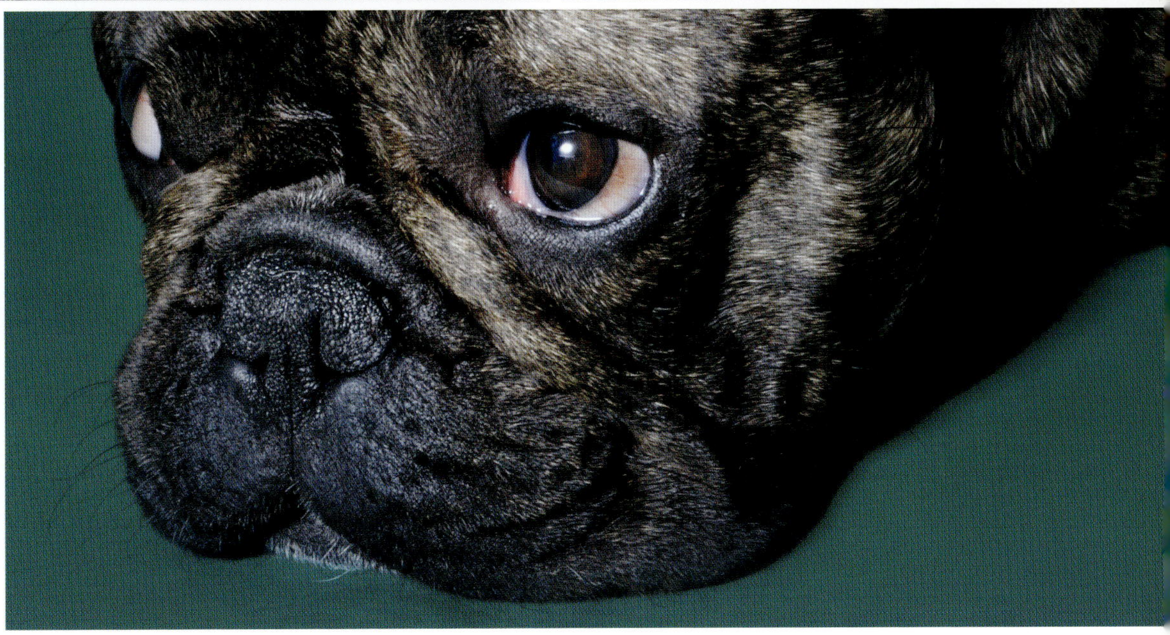

Ein Bully braucht zu einem gewissen Grad (unumschränkte) Aufmerksamkeit, zumindest die Nähe des Menschen, denn seinem Wesen nach gehört er zu den anhänglichen Vierbeinern. So ganz allein zwischen den vier Wänden, und das über Stunden, ist seine Sache überhaupt nicht. Obwohl die Französische Bulldogge dank ihrer Robustheit weder kalte Regentage noch heiße Sommertemperaturen stören, gehört sie nicht zu den Hunden, die man in einen Zwinger sperren kann – dafür sind sie schließlich nicht die soziale Leiter hochgestiegen. Wenn die Reichen einst verächtlich auf diese kleine Bulldogge herabsahen und man es endlich geschafft hat, als Gesellschafts- und Begleithund anerkannt zu werden, will man keineswegs mehr in die Kategorie eines Vierbeiners gezählt werden, der seine Freiheit durch Maschendraht aufzugeben bereit ist.

»Viele,
die ihr ganzes Leben
auf die Liebe verwendeten,
können uns weniger
über sie sagen,
als ein Kind, das gestern
seinen Hund verloren hat.«

(Thornton Wilder)

MEIN BULLY

FRIDA

Frida – einfach zum Knuddeln

Frida hat das Gesicht einer liebenwerten Marionettenfigur und Hasenohren. Man kann nicht anders, man muss lachen, wenn man sie sieht. Unser Bully liebt Gesellschaft – nichts geht ihr über ausführliche Begrüßungsrituale

Ein Schelm, wer Böses denkt.

und leidenschaftliche Beschnüfflungsorgien von jedem, der sie beim Parkspaziergang bewundert. Kleine Wrestling-Einlagen mit ihren Freunden, den Kaninchen, gehören auch zu einem ausgefüllten Tag. Klar, dass man als kampfeslustige kleine Bulldogge immer der Boss bleiben möchte, selbst wenn man gerade nicht in Stimmung dazu ist. Aber bevor Langeweile aufkommt, setzt man sich lieber als Draufgängerin in Szene.

Ohrenschützer werden beim Kauf eines Bullys nicht mitgeliefert, sie sind bei unserer Frida aber dringend notwendig, um in der Nacht gut schlafen zu können. Frida kann Geräusche von sich geben und so laut schnarchen, dass selbst ein Schwein erstaunt darüber wäre, eine solche Konkurrenz bekommen zu haben.

Es ist leicht, sich auf sie einzulassen, sie ist so reizend und knuddelig. Manche halten sie für einen »verzogenen Köter«, dabei ist sie ein unwiderstehlicher, warmherziger und völlig entspannter Freund und Gefährte.

Gilles Gough

Auf die Ohrenstöpsel, fertig, los…

»Man kann
in die Tiere
nichts
hineinprügeln,
aber man kann
manches
aus ihnen
herausstreicheln.«

(Astrid Lindgren)

Auch bei einem Energiebündel ist irgendwann die Luft raus.

Schlafen mit offenen Augen – eine wahre Kunst

Ein Bully fühlt sich erst im Kreise seiner Halter wie ein Fisch im Wasser. Mit Zärtlichkeiten verwöhnt zu werden, das ist so recht nach seinem Geschmack. Kurz gesagt, die Französische Bulldogge ist ein Menschenfreund, der die angenehmen Dinge des menschlichen Lebens mit den Zweibeinern teilen will und nicht dauernd in seinen Korb geschickt werden möchte. Und eines kann gesagt werden: Hunde sind gut für den Menschen. Doch das heißt noch lange nicht, dass Menschen auch immer gut sind für Hunde. Im Grunde können sie nämlich mit den Vierbeinern machen, was sie wollen. Insgesamt bescheinigen Psychologen den Hundebesitzern gute Haltungsnoten. Doch ein Viertel aller untersuchten Mensch-Hund-Beziehungen werden als mangelhaft eingestuft, weil die Halter mit dem Tier ausschließlich eigennützige Motive verfolgen. Dabei lassen sich die Leinenträger in verschiedene Typen aufteilen.

Typ 1 gehört zu jener Kategorie, der Hunde hält wie Frauen (oder Männer), der Autos und Immobilien braucht, um mit seinen »Accessoires« das eigene Ich zu stärken. Prestige ist ihm alles, wenn sich dadurch nur Status und Ansehen bei anderen Menschen verbessern lassen. Wie es dem Vierbeiner dabei geht, ist Nebensache, er soll ja nur etwas hermachen. Und welche arteigenen Charaktereigenschaften und Wünsche der Hund hat, dafür nimmt er sich auch keine Zeit. Hauptsache, der Hund gibt eine gute Performance ab, weil er gerade »in« ist – Möpse, Dalmatiner oder Afghanen kennen dieses Schicksal. Obwohl Bullys auf den ersten Blick nicht so aussehen, als würden sie sich zu einem Modehund entwickeln können, wächst die Fangemeinde rund um den kleinen Draufgänger gerade in letzter Zeit enorm. Vielleicht liegt das daran, dass Möpse mittlerweile out sind und der Bedarf nach einem Nachfolgehund steigt.

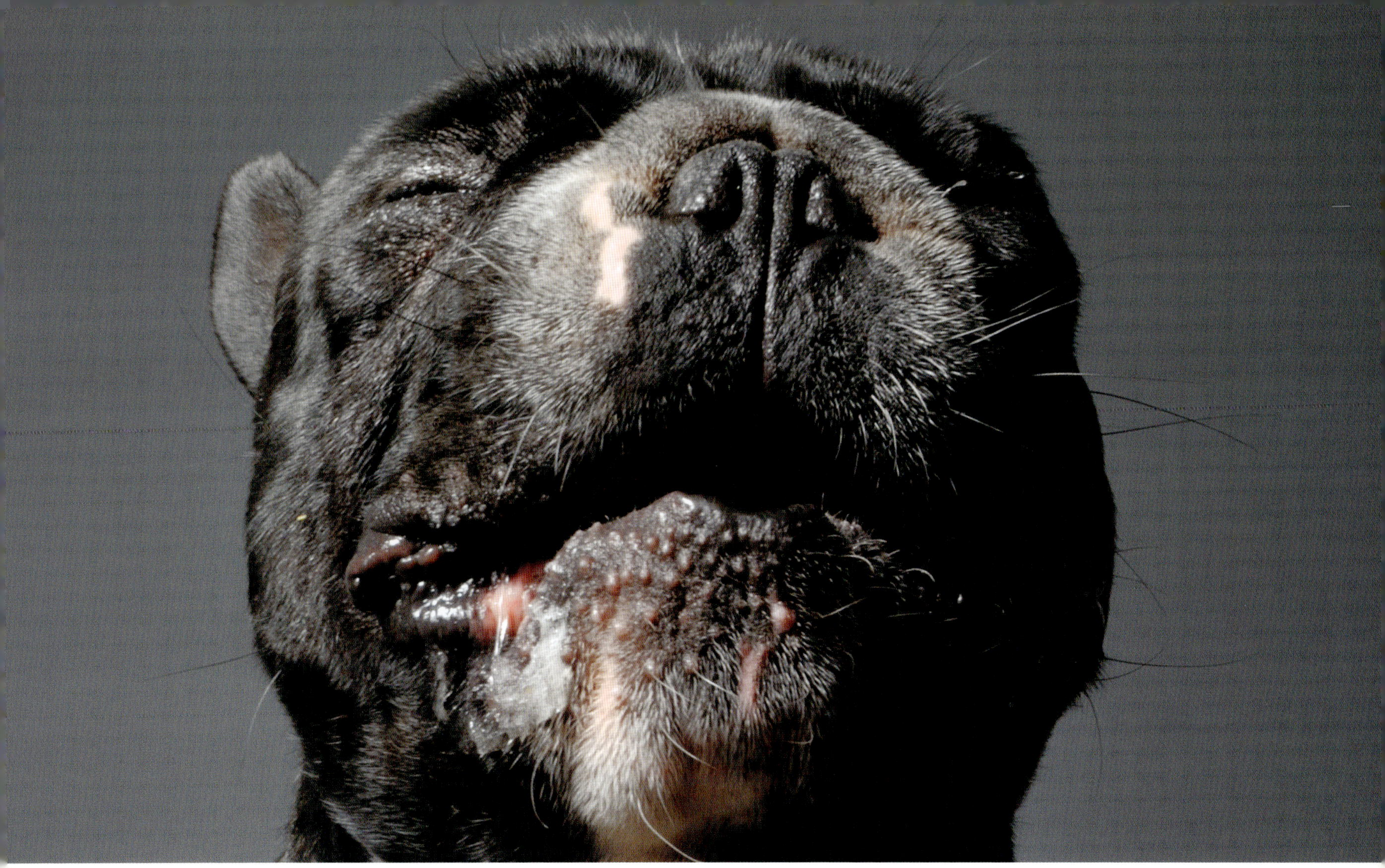

»Dinge, die einen Terrier
in Aufregung versetzen,
werden von einer Dogge
unter Umständen
nicht einmal bemerkt.«

(Smiley Banton)

Doch eines ist sicher: Der Bully fällt auf! Die Menschen freuen sich über sein witziges Mienenspiel, was in Zeiten von Krisen ein großer Bonus ist, wenn es um den Zugewinn von Sympathiewerten geht. Dazu kommt ein weiterer Pluspunkt: Frenchies brauchen nicht viel Auslauf, das könnte ihn geradezu populär machen – wenn man nur nicht täglich seine Ohren sauber machen müsste. Unter den Hundehaltern gibt es auch noch Typ 2 – auch nicht ganz einfach. Denn er hat den Hund zum Mittelpunkt seines Lebens erklärt. Alles dreht sich nur um das Tier, ständig wird darauf geachtet, ob es sich wohlfühlt, ob jemand das zu verhindern sucht, und wenn es nur ein fremder Vierbeiner auf der Straße ist. Keinen Moment kann sich der Hund der Aufmerksamkeit des Halters entziehen, wobei er – das muss man dem Besitzer zugutehalten – das Tier nicht vermenschlicht (dieses Verhalten ist eher bei Typ 1 anzutreffen, der seinen »Liebling« mit rosa Lätzchen und Duftwässerchen traktiert).

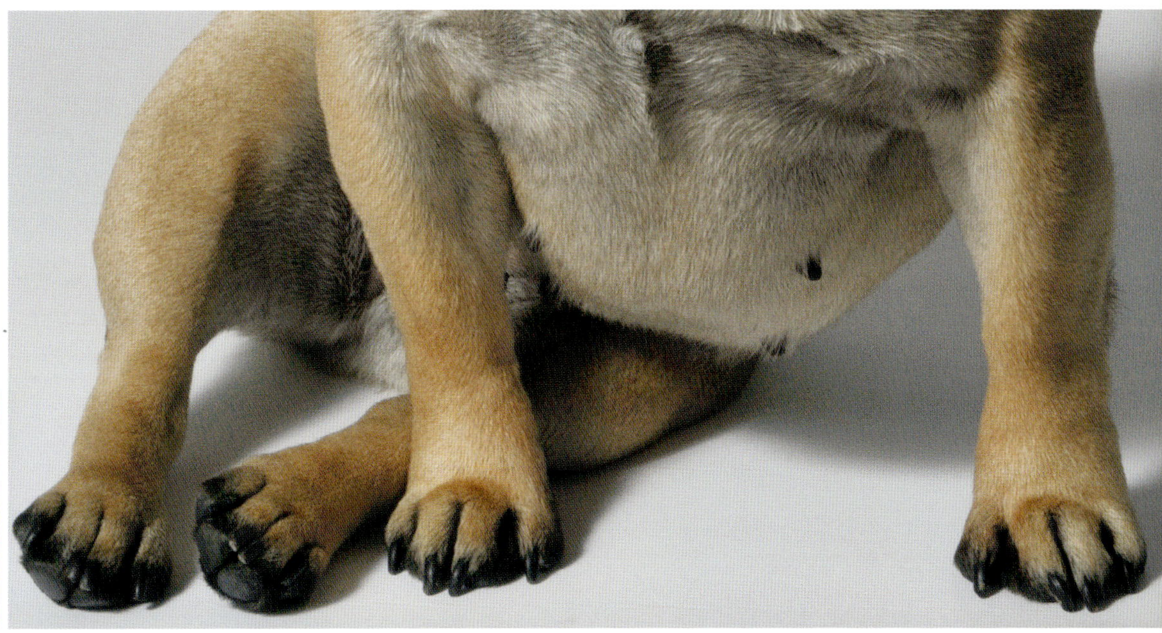

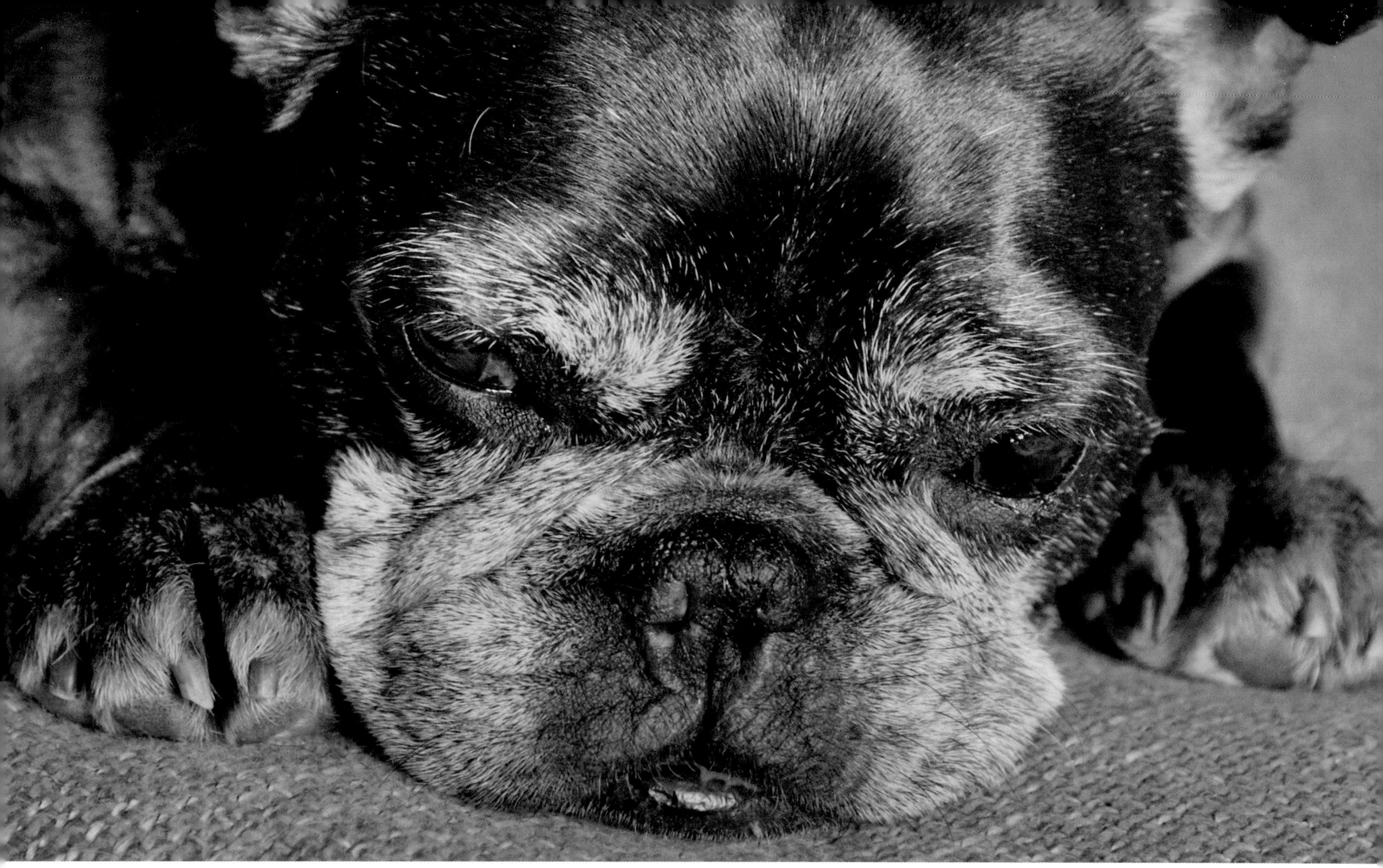

»Woran sollte man sich
von der endlosen
Verstellung, Falschheit und Heimtücke
der Menschen erholen,
wenn die Hunde nicht wären,
in deren ehrliches Gesicht
man ohne Mißtrauen schauen kann?«

(Arthur Schopenhauer)

Da der Hund für einen Halter dieses Typs den Nabel der Welt bildet, wird der Vierbeiner schon bald nach einer Auszeit lechzen. Nach einem netten Spaziergang beispielsweise könnte man nämlich gut und gern drei Stunden entspannt verschlafen – vorzugsweise ohne ständig Frauchens Blick zu spüren. Der dritte Typus ist dagegen schon annehmbarer. Er beschäftigt sich aktiv mit seinem Frenchie, ist naturverbunden und sozial. Daher knüpft er auch mit Vorliebe beim Spaziergang Kontakte zu anderen Menschen. Manchmal scheinen ihm diese fast wichtiger zu sein als der Hund selbst. Immerhin beschäftigt er sich intensiv mit der richtigen Hundehaltung, lässt sich also nicht erweichen, ungesunde Leckereien mal zwischendurch fallen zu lassen, und achtet auf eine gute Erziehung. Jeder weiß, wen man am anderen Ende der Leine hat, im Grunde die beste Voraussetzung für eine gelungene Partnerschaft.

MEIN BULLY

DAZ

Daz – ein ganz besonderer Hund

Daz kam im November 2000 in mein Leben, da war er sieben Wochen alt, und es war Liebe auf dem ersten Blick. Dabei hatte ich mich für ihn entschieden, als Kamerad für Loulou, meine damals vier Jahre alte Französische Bulldogge. Um nichts falsch zu machen, suchte ich nach einem angesehenen Züchter, und ich stieß dabei auf einen, der seit 40 Jahren Erfahrungen in der Zucht von Bullys nachweisen konnte. Der Vater von Daz war ein Champion, ebenso dessen Bruder, alles schien also dafür zu sprechen, dass mit dem Welpen alles in Ordnung war.

Ich zeigte ihn auch auf einer Hundeschau, wo er unter drei Bullys den dritten Platz machte – sein Manko war, dass er einen seiner Hinterfüße nicht richtig absetzen konnte. Zu dieser Zeit wusste ich noch nicht, was das bedeutete. Als ich dem Züchter davon erzählte und nachfragte, ob es irgendwelche gesundheitlichen Probleme bei den Vorfahren von Daz gab, winkte er ab, meinte nur, hier und da hätte es im Alter mal kleine Ohrenprobleme gegeben.

Daz entwickelte sich zu einem Hund, der gern spielte, und von Loulou ins Herz geschlossen wurde. Alles war gut, bis man im ersten Jahr eine Neigung zur Epilepsie bei ihm feststellte, die nie wieder ganz verschwand. Im Jahr darauf wurde bei dem Hinterbein, das Daz den dritten Platz eingebracht hatte, eine verrenkte Kniescheibe diagnostiziert. Da eine Operation keine hundertprozentige Heilung versprach, entschied ich mich dagegen.

Im Alter von sechs Jahren erlitt Daz einen schrecklichen Unfall: Ein Nachbar spielte so wild mit ihm, dass er mit seinem Rückgrat auf einem Metallstreifen landete, der entlang unseres Hauseingangs verlief. Die Folge: eine Lähmung in den Hinterbeinen, Kontinenzprobleme und viele Schmerzen.

Als Daz von einer Tierärztin untersucht wurde, stellte diese fest, dass der Hund mit einer derart deformierten Wirbelsäule zur Welt gekommen sei, so wie sie es noch nie zuvor gesehen hätte. Danach gab sie mir zu verstehen, dass man operativ nichts machen könne.

Seitdem wird Daz alle vier Wochen in einer Veterinärklinik mit einer speziellen Akupunktur für Tiere behandelt, um seine Beweglichkeit zu verbessern und seine Inkontinenz zu verringern. Seit diesem Unfall trägt er auch orthopädische »Schuhe«, um seine Hinterpfoten zu schützen. Sie werden ungefähr alle sechs bis acht Wochen ausgetauscht.

2011 habe ich entschieden, für ihn einen kleinen zweirädrigen Hundewagen zu kaufen, der so an Daz angebracht wird, dass seine Hinterbeine, die immer weniger ihren Dienst tun, entlastet sind und er nun weiter herumlaufen kann, ohne dass es ihn zu sehr erschöpft. Bewundernswert an diesem Hund ist, dass er immer noch gern herumspielt und die Menschen zum Lachen bringt – Daz hat einen großen Fanclub um sich versammelt. Ich liebe ihn, weil er so viel Lebensmut hat.

Jedem, der sich einen Bully anschaffen möchte, kann ich nur den Rat geben, sich genauestens zu informieren und sich viel Zeit zu nehmen, den richtigen Hund zu finden.

Seamus Carrol

»Natürlich
kann man
ohne Hund
leben
–
es lohnt sich nur nicht.«

(Heinz Rühmann)

Impressum

www.frederking-thaler.de

Schmuckelemente: 70/71, 98, 109 (iStockphoto); 28/29, 49, Bullysilhouetten (dreamstime)

Produktmanagement: Dorothea Teubner
Layout und Satz: Ute Schneider, u.s.design, München
Grafisches Konzept und Umschlaggestaltung: Thomas Uhlig, coverdesign uhlig, Augsburg
Gesamtherstellung: Bettina Schippel
Repro: Repro Ludwig, Zell am See, Österreich
Druck und Bindung: Printer Trento S.r.l.

Die deutsche Bibliothek verzeichnet diese Publikation in der Deutschen Nationalbibliografie; detaillierte bibliografische Daten sind im Internet unter http://dnb.ddb.de abrufbar.

ISBN 978-3-89405-908-8

Printed in Italy